Taivaanrannanmaalarin muistikirja

Minttumaria Ukkonen

Taivaanrannanmaalarin muistikirja

Tekstit, valokuvat, kannen suunnittelu ja taitto:
© 2021 Minttumaria Ukkonen

Kustantaja: BoD – Books on Demand, Helsinki, Suomi
Valmistaja: BoD – Books on Demand, Norderstedt, Saksa

ISBN: 978-952-80-6039-0

Tästä tulee mainio päivä,
aivan oikeanlainen.

Tällaisena päivänä katson
talven pimeitä päiviä
hyväksyen, levollisesti.
Uuden alun riemu on jo näkyvissä.

Käsi joka ihoon piirtää,
ikävän pois siirtää.

Kunpa itse voisin
kasvaa pienemmäksi,
tulla viisaammaksi.

Mitä sinulle tänään toivon?
Mitä antaisin, jos vain voisin?
Että kylmyyden keskellä uskaltaisit
katsoa silmin toisin.

Eihän yksikään toinen, kuin sinä vain,
voi paikkaasi täällä täyttää.
Älä pelkää huomista silloinkaan,
kun tummalta päiväsi näyttää.

Yhä taivaanlintu laulaa
vapaudesta ja elämästä,
suuresta tuulesta,
joka sittenkin kantaa.

Vain se, joka kasvaa pieneksi,
voi oppia näkemään suurta.

Tyytyisin tavalliseen,
ihastuisin ihmeelliseen,
kulkisin kuunnellen, löytäisin linnunsulan,
katselisin kaunista, laulelisin lapsen lailla.
Ehtisin enemmän elämää.

Kun tunnet tuulen saapuvan,
levitä siivet – se kantaa.

Tämäkin päivä
on aivan kokonaan lahjaa.

Huomisesta ei voi tietää.
Tänään saamme rakastaa.

Kaiken yllä ja
kaiken läpi
ja kaikkea suurempi
on hyvyyden voima.

Toivon sinulle rakkauden silmälaseja,
joilla katsoisit paitsi muita,
myös itseäsi, ja toteaisit:
voi, siinäpä ihana ja rakastettava nainen!

Minä rakastan sinua, niin paljon
kuin taivas on korkealla,
niin kuin valtameri
heittää tyrskynsä kallioille.

Minä tunnen.
Minä elän.

Omaisuutta saatat ostaa,
rikkautta et saata.

Kunpa minä löytäisin oman tieni,
juuri sen minulle sopivan.

Älä katso kuorta,
katso sydämeen.

Lähetän terveiseni
taivaanlinnun matkaan,
odotan uutta aamua,
ja istutan omenapuun.

Kun kaksi vajavaista löytää
oman polun samaan pöytään,
onni kasvaa jakamalla
armon taivaan alla.

Rakasta minua –
sydämeni orpoa tyttöä,
joka omistaa niin paljon
taivaan värisiä haaveita.

Varpaasi virtaavaan puroseen kasta.
Tänään saat lakata huolehtimasta.

Sinä olet mestariteos.

Se ei ole mikään tyhjä taulu.
Se on taimi vahva.
Se on taivaanlinnun laulu.
Se on kevään ensimmäinen kuusenkerkkä.
Se on päiväperhon siipi herkkä.

Vain se joka uskaltaa
levittää siipensä,
saa nähdä,
ettei ole lentäjän
siivistä kiinni
kuinka pitkälle
tuuli voi kantaa.

Hetkissä on elämäsi.

Minä luulen, että se
joka on muiden silmissä
kieroon kasvanut,
onkin aivan erityisen
tehtävän saanut.

Minä pidän sinusta sisko.
Sinä et ylenkatso ketään –
et luule, että kukaan
olisi toista arvokkaampi.

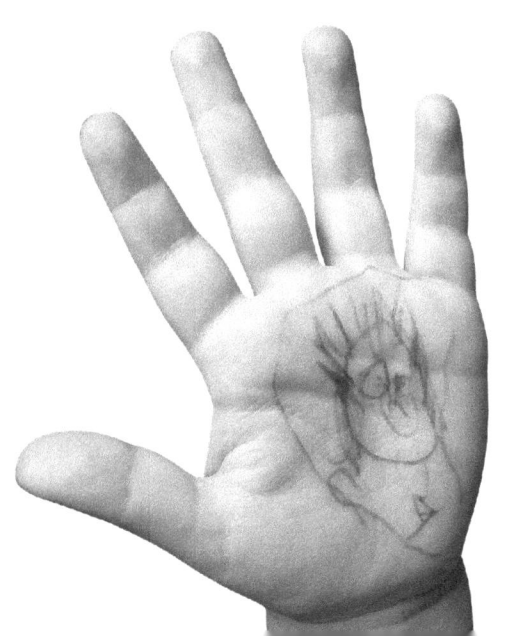

TÄNÄÄN
on hyvä päivä.
Oikea aika on
NYT.

Muista aina olla sinä,
sillä sitä ei voi kukaan toinen.
Olkoon tiesi toivoa täynnä
ja matkasi aurinkoinen.

Joka työntää kädet multaan,
kasvun löytää uuden.
Vaan jos luottaa rahaan, kultaan,
hukkaa ihanuuden.

Jotta jaksaisi paljon kantaa,
on saatava ensin vähän.
Jos tahtoo kauaksi nähdä,
on nähtävä ensin tähän.

Rakastan

Ja minä luulen, että on hauskempaakin
olla sukat makkaralla
kuin pipo liian tiukalla.

Mutta koskaan, en koskaan ole nähnyt,
että uusi aamu jättäisi saapumatta,
ettei pienikin valo näkyisi kauas,
kun on tarpeeksi pimeää.

Taaksepäin katsoessa
en mitään voi muuta kuin kiittää.

Sen kasvot loistavat,
joka katsoo valoa kohti.

Joka ikävöi, on saanut rakastaa.

Minttumaa tmi
www.minttumaa.net
FB: @Minttumaa
IG: @minttumariaukkonen